NAPOLÉON IER ÉTAIT-IL ÉPILEPTIQUE ?

PAR

Louis PROAL

A. STORCK & CIE, IMPRIMEURS-ÉDITEURS

—❊ LYON ❊—

PARIS, 16, rue de Condé, près l'Odéon

—

1902

NAPOLÉON Ier ÉTAIT-IL ÉPILEPTIQUE?

Dans son étude sur « la santé de Napoléon Ier » publiée en
1900, par la *Chronique médicale*, M. Georges Barral, après
avoir parlé de ses accès d'hypocondrie dans sa jeunesse et de
ses hémorroïdes anales, qui l'avaient géné à Ligny et à
Waterloo, mentionne la tradition des accès d'épilepsie, mais la
rejette en disant que jamais personne ne les a vus. Cette tradition est encore repoussée par M. Regnard, qui s'appuie sur le
témoignage de Bourrienne disant dans ses mémoires: « Pendant plus de onze ans que j'ai été constamment avec lui, je n'ai
jamais vu en lui aucun symptôme qui ressemblât le moins du
monde à cette maladie. » Mme la duchesse d'Abrantès, qui a
écrit des mémoires si intéressants et si bien informés sur
Napoléon Ier, n'a jamais cru qu'il était épileptique. Constant,
premier valet de chambre de Napoléon Ier, a aussi écrit dans
ses mémoires: « Jamais l'empereur n'a été sujet à des attaques
d'épilepsie. » MM. les Drs Corre et Laurent, dans le numéro
du 16 septembre 1893 de la *Revue scientifique*, repoussent
également la supposition d'épilepsie, parce que cette maladie,
disent-ils, altère l'intelligence; et tout en croyant que les
remueurs de foule sont des névropathes, ils attribuent à
Napoléon Ier un tempérament hystérique.

Malgré la valeur des témoignages de Bourrienne, de Constant,
de la duchesse d'Abrantès, qui avaient vécu dans l'intimité de
Napoléon Ier, témoignages fortifiés par l'adhésion de MM. George

Barral, Regnard, Corre et Laurent, d'autres écrivains ont cru
et croient à l'épilepsie de Napoléon I⁰ʳ. Dans son ouvrage si
intéressant *la Psychologie morbide*, le Dʳ Moreau (de Tours)
cite Napoléon Iᵉʳ parmi les épileptiques célèbres. M. le Dʳ Lombroso reprenant la thèse du Dʳ Moreau (de Tours) range l'empereur parmi les épileptiques et s'appuie sur le portrait qu'en a
fait Taine au point de vue psychique. « Pour qui connaît, dit-il,
la trempe psychologique de l'épileptique, il devient clair
que Taine nous a donné ici le diagnostic le plus délicat et le
plus précis d'une épilepsie psychique avec ses gigantesques
illusions mégalo-maniaques, ses impulsions et la plus complète
absence de la morale. »

La question de savoir si Napoléon Iᵉʳ était épileptique est
donc très controversée ; affirmée par les uns, elle est niée par
les autres. Je crois avoir trouvé dans plusieurs passages des
mémoires de Talleyrand et de Constant, dans certaines observa-
tions rapportées par le *Mémorial de Sainte-Hélène* et dans
M. George Barral lui-même, la preuve que l'empereur était
sujet à de très courtes attaques d'épilepsie. Il ne s'agit pas, bien
entendu, de ces graves atteintes d'épilepsie qui altèrent l'intelligence et que le génie prodigieux de Napoléon Iᵉʳ rend invrai-
semblables. Il y a plusieurs sortes d'attaques d'épilepsie ; il y
en a de légères, si courtes qu'elles n'altèrent en rien l'intelligence ;
bien plus, elles passent souvent inaperçues, surtout lorsqu'elles
ont lieu la nuit ; les personnes qui vivent dans l'intimité de
l'épileptique, sujet à ces attaques légères, peuvent ne pas
s'en apercevoir. Avant de citer les passages desquels on peut
induire que Napoléon Iᵉʳ était sujet à ces accès légers d'épilepsie
je dois d'abord rappeler que l'empereur était très nerveux et
superstitieux : « Son corps, dit le *Mémorial de Sainte-Hélène*,
est soumis aux plus légères influences ; l'odeur de la peinture
suffit pour le rendre malade. » D'après Constant, il avait un
tic nerveux qui « consistait à relever fréquemment et rapide-
ment l'épaule droite, ce que les personnes qui ne lui connais-
saient pas cette habitude interprétaient quelquefois en geste
de mécontentement et de désapprobation ».

D'après Bourrienne, Napoléon croyait aux pressentiments :
« Lorsque la mort frappe au loin une personne qui nous est

chère, un pressentiment annonce presque toujours l'événement et celui que la mort frappe nous apparaît au moment de sa perte. » (*Mémoires de Bourienne*, ch. XII.) Napoléon croyait à son étoile, non pas par métaphore, mais à la lettre ; d'après M. le Dʳ Brière de Boismont, cette croyance était le résultat d'une hallucination. En 1806, le général Rapp, ayant besoin de parler à Napoléon, entra dans son cabinet sans se faire annoncer ; il le trouva dans une occupation si profonde que son arrivée passa inaperçue. Le général fit du bruit pour annoncer sa présence ; alors Napoléon, se retournant brusquement et le saisissant par le bras, lui dit en lui montrant le ciel : « Voyez-vous là-haut ? » Rapp répondit qu'il ne voyait rien. « Quoi ! reprit l'empereur, vous ne la découvrez pas ? C'est mon étoile, elle est devant vous brillante », et s'animant par degrés, il s'écria : « Elle ne m'a jamais abandonné, je la vois dans toutes les occasions, elle m'ordonne d'aller en avant et c'est pour moi un signe constant de bonheur. » Cette anecdote a été racontée au Dʳ Brière de Boismont par M. Passy, de l'Institut, qui la tenait du général Rapp. M. Passy l'a aussi racontée à Amédée Thierry, lors de la communication que ce dernier fit à l'Académie des sciences morales et politiques, en 1846, sur la vision de Constantin (Brière de Boismont : *les Hallucinations*, p. 60).

Voici maintenant le passage des mémoires de Talleyrand : « Je reçus l'ordre de l'accompagner à Strasbourg (septembre 1805). Un accident de santé qu'eut l'empereur au début de cette campagne m'effraya singulièrement. Le jour même de son départ de Strasbourg, j'avais dîné avec lui ; en sortant de table il était entré seul chez l'impératrice Joséphine ; au bout de quelques minutes, il en sortit brusquement ; j'étais dans le salon, il me prit par le bras et m'amena dans sa chambre. M. de Rémusat, premier chambellan, qui avait quelques ordres à lui demander et qui craignait qu'il ne partît sans les lui donner, y entra en même temps. A peine y étions-nous, que l'empereur tomba par terre, il n'eut que le temps de me dire de fermer la porte. Je lui arrachai sa cravate, parce qu'il avait l'air d'étouffer ; il ne vomissait point, il gémissait et bavait. M. de Rémusat lui donnait de l'eau, je l'inondais d'eau de Cologne. Il avait des espèces de convulsions qui cessèrent au

bout d'un quart d'heure. Nous le mîmes sur un fauteuil ; il
commença à parler, se rhabilla, nous recommanda le secret et
une demi-heure après il était sur le chemin de Carlsruhe (1) .»

Ce témoignage de Talleyrand a une très grande importance,
il n'est pas le seul. J'ai cité un passage des mémoires de Constant disant qu'il ne croyait pas à l'épilepsie de son maître. Or,
dans ses mémoires, le même Constant insère le récit d'une
attaque d'épilepsie que Napoléon eut à Coblentz le 10 septembre 1804 ; seulement il attribue ce récit à une dame d'honneur
qui accompagnait l'impératrice à Aix-la-Chapelle. « Il paraît,
écrit cette dame d'honneur, que Napoléon a eu cette nuit une
attaque violente de la maladie de nerfs ou d'épilepsie à laquelle
il est sujet. Il a été très longtemps très incommodé avant que
Joséphine, qui occupait la même chambre, ait été demander du
secours ; mais enfin cet état de souffrance se prolongeant, elle a
voulu avoir de la lumière. Roustan, qui couche toujours à la
porte de l'empereur, dormait si profondément qu'elle n'a pas
pu le réveiller. L'appartement du préfet est si éloigné du luxe,
qu'on n'y trouve pas même les objets de simple commodité. Il
n'y avait pas une sonnette ; les valets de chambre étaient logés
fort loin, et Joséphine à moitié nue a été obligée d'aller
entr'ouvrir la porte de l'aide de camp de service pour avoir de la
lumière. Le général Rapp, un peu étonné de cette visite noc-
turne, lui en a donné, et après plusieurs heures d'angoisse cette
attaque s'est calmée. Napoléon a défendu à Joséphine de dire
un seul mot de son incommodité. Aussi a-t-elle recommandé
le secret à tous ceux ou celles auxquels elle l'a raconté ce
matin. Mais peut-on espérer qu'on gardera le secret que nous
ne pouvons garder nous-mêmes ? Et avons-nous le droit d'im-
poser aux autres la discrétion dont nous manquons ? L'empereur était assez pâle ce soir, assez abattu ; mais personne ne
s'est avisé de lui demander de ses nouvelles. On sait qu'on
encourrait la disgrâce, si on pouvait croire Sa Majesté sujette
à quelque infirmité humaine (2). »

Le récit de Talleyrand énumère les principaux phénomènes

____

(1) *Mémoires de Talleyrand*, t. I, p. 295.
(2) *Mémoires de Constant*, t. I, p. 314.

de l'attaque d'épilepsie, perte de connaissance, mouvements convulsifs, salive spumeuse. Voici maintenant un passage du *Mémorial de Sainte-Hélène*, qui me paraît confirmer cette supposition : il est arrivé plusieurs fois à Napoléon de dormir pendant la bataille « et fort au dedans de la portée des boulets » ; cela lui est arrivé notamment à Wagram et à Bautzen ; le grand maréchal dit à Las Cases qu'il l'avait vu dormir durant le combat : dans l'édition illustrée du *Mémorial* on représente l'empereur couché et dormant pendant la bataille ; dans son article de la *Chronique médicale*, M. Georges Barral raconte que son grand-père l'a vu sommeiller à Ligny pendant l'attaque des trois villages de Saint-Amand occupés par les Prussiens. A Sainte-Hélène, Napoléon a expliqué ce fait en disant qu'il cédait à la fatigue, qu'il dormait où et quand il le pouvait. L'auteur du *Mémorial* ajoute : « Il disait sur cela qu'indépendamment de l'obligation d'obéir à la nature, ces sommeils offraient au chef d'une très grande armée le précieux avantage d'attendre avec calme les rapports et la concordance de toutes ses divisions au lieu de se laisser emporter peut-être par le seul objet dont il serait témoin. » L'explication que Napoléon Ier donne de ses accès de sommeil pendant la bataille ne me paraît pas très satisfaisante ; l'empereur avait une puissance de travail, une résistance à la fatigue et au besoin de sommeil tout à fait extraordinaires ; dans les conseils qu'il tenait avec ses ministres bien avant dans la nuit, après des journées très laborieuses, après des discussions très longues sur les questions les plus graves, il n'éprouvait aucune fatigue, aucun besoin de sommeil pendant que ses ministres étaient accablés de fatigue et de sommeil. Les avantages que d'après le *Mémorial* Napoléon attribue au sommeil d'un général en chef pendant la bataille me semblent aussi bien inférieurs aux très graves inconvénients qui peuvent en résulter. Je suis donc amené à penser que ce sommeil, qui venait quelquefois si mal à propos, contrairement à ses intérêts, à ses habitudes, était la conséquence de l'épuisement passager qui suit une attaque d'épilepsie.

N'étant pas médecin et n'ayant acquis dans mes fonctions judiciaires qu'une connaissance imparfaite des maladies céré-

brales, si complexes et si délicates, j'ai soumis les documents que j'ai cités et les conclusions que j'en tire à un médecin aliéniste, dont la science sûre et le diagnostic infaillible sont universellement appréciés, à M. le Dr Magnan, médecin en chef de l'asile Sainte-Anne. M. Magnan m'a répondu que j'ai tiré une conclusion exacte des documents historiques.

De ce que Napoléon Ier était sujet à des attaques d'épilepsie, comme César, Charles-Quint, Luther et tant d'hommes illustres, faut-il en conclure que M. le Dr Lombroso est dans le vrai quand il affirme que le génie est d'une nature épileptoïde et qu'il est une névrose ? Tout d'abord, s'il y a des génies épileptiques, il y en a d'autres qui sont neurasthéniques, ou hystériques ; il y en a aussi qui sont absolument sains sans névropathie. Enfin, ainsi que le pensent M. le Dr Grasset et M. le Dr Magnan, la névrose peut coexister avec le génie, mais loin d'être la cause de la supériorité intellectuelle, elle en est la plaie, la complication ; elle n'est pas la folie, mais elle peut y conduire (1). Napoléon Ier se rendait compte de ce redoutable voisinage, lorsqu'il disait à Pinel qu'entre un homme de génie et un fou, il n'y a pas l'épaisseur d'une pièce de six liards et qu'il ajoutait en souriant : « Il faut que je prenne garde de tomber entre vos mains (2). »

Louis PROAL.

(1) *La Supériorité intellectuelle et la névrose.*

(2) PINEL : *Physiologie de l'homme aliéné*, p. 40. Après avoir tracé le portrait de Michel de Bourges, G. Sand ajoute : « J'ai été forcé de constater ce que j'avais déjà constaté ailleurs, c'est que les plus beaux génies touchent parfois et comme fatalement à l'aliénation. » *Histoire de ma vie*, V^e partie, ch. IX.

Lyon. — Imp. A. Storck & Cie, 8, rue de la Méditerranée.

www.ingramcontent.com/pod-product-compliance
Lightning Source LLC
Chambersburg PA
CBHW050747070726
47597CB00009B/4109